trouve grace aux yeux du Public. Jusqu'à présent le tableau de nos mœurs n'a été crayonné que de la main de nos Compatriotes ; il seroit curieux de le voir tracé de la main d'un Etranger : il faudroit seulement que cet Etranger eût assez vécu parmi nous pour savoir nous peindre, & fût assez exempt de préventions pour ne vouloir pas nous défigurer. C'est précisément le cas où se trouve l'Auteur.

PRÉFACE.

CE Discours a été présenté à l'Académie des Jeux Floraux, où bien loin de remporter le Prix , il n'a pas même été jugé digne d'y prétendre. (*) Par quel principe les Juges se font-ils conduits ? Ce n'est point

(*) Le Discours , ayant pour devise : *Aspera tum positis mitescent sæcula bellis* , n'est point monté au Bureau général de l'Académie : c'est ainsi que s'exprime M. le Secretaire, dans un billet signé de sa main. C'est-à-dire, que les Juges des Bureaux particuliers , chargés de revoir les Pieces , pour choisir celles qui méritoient d'être examinées au Bureau général de l'Académie , refuserent cet honneur à la mienne.

DISCOURS

SUR

LA QUESTION

PROPOSÉE PAR L'ACADÉMIE

DES JEUX FLORAUX,

Pour l'année mil sept cent soixante-un :

La lumiere des Lettres n'a-t-elle pas plus fait contre la fureur des Duels, que l'autorité des Loix ?

SECONDE EDITION,

Augmentée d'une Lettre sur les avantages & l'origine de la gayeté françoise.

À LYON;

Chez AIMÉ DELAROCHE, Imprimeur-Libraire du Gouvernement, & de l'Hôtel de Ville, aux Halles de la Grenette.

M. DCC. LXI.

Avec Approbation & Permission.

A V I S

DU LIBRAIRE.

LE prompt débit que vient d'avoir
la première Edition de ce Discours,
m'engage à en donner une seconde. Je ne
crois pas qu'il soit besoin, pour le faire
estimer, de rapporter ici tous les éloges
dont les Journaux l'ont honoré : je me
contente de transcrire le jugement qu'en a
porté l'Auteur des Affiches de Province :
(*) Si ce Discours a réellement
concouru, il doit, *dit-il*, nous donner
une grande idée de l'Ouvrage qui a
remporté le Prix. Un Lecteur attentif
y trouvera de l'éloquence, de la cha-
leur, de l'expression, des traits de
génie.

La Lettre qui suit le Discours, est
du même Auteur : il l'a détachée d'un
recueil de Lettres en ce genre, qu'il
compte mettre au jour, supposé que celle-ci

(*) Feuille 38.

ce que j'examine, ni de quoi je m'embarrasse. J'avois travaillé sur ce sujet, parce qu'il m'avoit paru fort beau ; j'avois envoyé mon Ouvrage au concours, parce qu'il m'avoit paru assez bon. Je ne l'en estime pas moins, pour avoir été ou méprisé, ou immolé par l'Académie, comme je ne l'en estimerois pas assurément davantage, s'il avoit eu un sort plus favorable.

Quoi qu'il en soit, le Public sera mon Juge. Il n'est ni aveugle ni partial. S'il condamne mon Discours au mépris, je l'aurai mérité; s'il l'approuve & demande pourquoi on ne l'a pas même cru digne de difputer la Cou-ronne, j'en aurai obtenu une pour le moins auffi flatteufe, que celle dont l'Académie auroit pu me décorer.

Au refte, on pourroit s'ima-giner que j'ai refondu mon Dif-cours après l'envoi. Je peux affurer le contraire, & je défie l'Académie des Jeux Floraux de trouver que j'y aie fait le moindre changement. Ce n'eft pas qu'il n'y ait plufieurs endroits que j'aurois voulu pouvoir retoucher; mais la justice exigeoit que je m'en abstinsse, & je me suis bien gardé de tomber moi-même dans la faute dont j'ai à me plaindre.

DISCOURS

DISCOURS.

La Lumiere des Lettres n'a-t-elle pas plus fait contre la fureur des Duels que l'autorité des Loix ?

TELLE est la grande & importante question que l'amour du bien public a proposée, & que l'amour du bien public va résoudre. Elle contient le plus bel éloge qu'on puisse faire des Lettres, & une des plus solides instructions qu'on puisse donner aux Rois. Elle est toute propre à faire

A

sentir les avantages que le Gouvernement retire des Lettres, & les secours
que les Lettres ont droit d'attendre
du Gouvernement.

De tous les maux qui ont affligé
l'Europe & en particulier la Nation
Françoise durant les siecles de barbarie & d'ignorance, aucun n'a dû
le faire avec plus d'opiniâtreté que
la fureur des Duels. Trois obstacles
presque invincibles s'opposoient à sa
guérison, l'empire du Préjugé, l'empire de la Passion, l'empire de la
Coutume. Le Préjugé en faisoit un
honneur; la Passion en faisoit un plaisir; la Coutume en faisoit un devoir.
Les Lettres & les Loix se sont élevées
de concert contre trois principes si fu-
nestes. Jugeons par les différents
moyens qu'elles ont pris pour les

combattre, du différent succès avec lequel elles les ont combattus.

Les Loix ont effayé de détruire le Préjugé les armes à la main & d'un feul coup; moyen peu sûr : les Lettres ont effayé de le décréditer avec art & peu à peu; moyen presque infaillible.

Les Loix n'ont pu attaquer la Paffion que dans fes effets; moyen borné; les Lettres l'ont attaquée jufques dans fa fource ; moyen plus étendu.

Les Loix ont pourfuivi la Coutume vivement dans un temps, foiblement dans un autre ; moyen qui fe détruit lui-même : les Lettres l'ont pourfuivie en tout temps & chaque jour avec de nouvelles forces; moyen qui affure tous les autres moyens.

Qui pourroit douter après cela que la lumiere des Lettres n'ait plus fait

contre la fureur des Duels que l'autorité des Loix ? Développons ces pre-
mieres idées : expofons dans fon plus
grand jour un fujet qui ouvre un fi
vafte champ à la vérité & à l'éloquence. Si nous n'avons pas le bonheur de mériter le prix deftiné à
l'éloquence, méritons du moins le
prix deftiné à la vérité.

PREMIERE PARTIE.

RIEN n'a plus contribué à main-
tenir fi long-temps chez les François
la fureur exécrable des Duels que
l'empire du Préjugé. Ce préjugé con-
fiftoit à croire que rien n'empêchoit
de venger un affront par un meurtre ;
que c'étoit à la force & non à la raifon
de juger un différend ; que l'emploi
des gladiateurs étoit le plus bel

emploi des héros ; & qu'ainſi tout Duel étoit également permis , néceſſaire , honorable.

Quelque inſenſé, quelque horrible que fût un pareil préjugé, tout devoit cependant concourir à l'accréditer dans des temps où l'on étoit ſi éloigné d'avoir des idées nettes ſur l'Humanité, ſur la Juſtice , ſur l'Héroïſme : dans des temps où l'ignorance & la férocité perſuadoient à la Nation que l'Héroïſme n'étoit que pour la bravoure, la Juſtice que pour la foibleſſe, l'Humanité que pour l'amour.

Eh ! que pouvoit-il y avoir dans ces temps déplorables qui s'armât contre le Préjugé ? La politique des Souverains ? Elle lui applaudiſſoit dans le deſſein de le faire ſervir d'aliment à la valeur, peut être auſſi de fupplément à la police : elle efpéroit de trouver en lui, d'un côté le plus ferme foutien des braves, de l'autre le fléau le plus redoutable des brigands (a). Les Oracles de la Religion? Ils étoient muets ou ne parloient que d'après ceux du Préjugé ; ils le juftifioient ou du moins ne le condamnoient pas (b). La lumiere des Lettres? elle ne brilloit pas encore, à moins qu'on ne la confonde avec ces fauffes lueurs jetées de temps en temps dans la nuit de la Barbarie, comme des éclairs au milieu d'une tempête, pour en redoubler l'horreur, bien plus que pour la diffiper (c).

Soutenu par l'ignorance, toléré par la Religion, encouragé par la politique, le Préjugé ne trouvoit par-tout que des efclaves foumis aveuglément à son empire. Personne n'auroit osé s'y soustraire. A sa voix le Laboureur étoit forcé de quitter ses champs, l'Artiste son attelier, le Militaire son poste, le Courtisan son Prince, le Prêtre même quelquefois son Dieu pour aller gaiement s'égorger sur l'arene (d). Les uns y venoient chercher la gloire ; d'autres la vérité ; plusieurs l'innocence. Le Préjugé aveugloit tellement les esprits que quelques-uns ne désespéroient pas d'y rencontrer la piété ; & l'on vit plus d'une fois le vainqueur, en retirant son épée des entrailles de son rival se prosterner par terre & offrir à la Religion une victime qu'il venoit d'immoler à la fureur (e).

Que de sang répandu ! que de braves sacrifiés ! que de familles éteintes par cet horrible préjugé ! Les Souverains qui l'avoient pris si long-temps pour le défenseur de leurs états, s'apperçurent enfin qu'il en étoit le destructeur. Touchés de ses ravages, alarmés de ses progrès, ils songerent à les arrêter. Ils s'appliquerent à renverser le Préjugé avec le même zele qu'ils l'avoient soûtenu, mais non avec les mêmes armes. Ils l'avoient soutenu par les récompenses, par l'estime, par l'honneur : pour le renverser, ils eurent recours à l'autorité, aux châtiments, à la violence. Ils tirerent contre lui le glaive de la Loi (*f.*) : ils firent gronder sur sa tête le tonnerre de la vengeance : ils ouvrirent sous ses pieds les abymes de l'infamie : ils le citerent publiquement au tribunal de la Justice : ils le livrerent entre les mains des bourreaux : ils crurent que le bon moyen de détromper les esprits, c'étoit de les épouvanter.

Moyen odieux qui n'étoit propre qu'à les irriter. Car il ne faut pas que l'autorité s'aveugle jusqu'à penser qu'elle ait sur nos idées le même pouvoir que sur nos biens ; ni qu'à sa voix nos préjugés tombent aussi promptement que nos têtes. Une erreur, surtout si elle est générale, brave les Rois, lorsqu'elle ne les asservit pas. La Vérité est fille de la persuasion & compagne de l'indépendance : on ne l'apprend ni dans un édit, ni sur un échaffaud : il n'y a que l'industrie où que le temps qui puissent faire changer de lit à un fleuve ; il n'y a que le temps ou que l'industrie qui puissent faire changer à un Peuple d'opinion. La

violence eft ici comme par-tout ailleurs, une reffource auffi infuffifante
que tyrannique : elle fera des martyrs,
jamais elle ne fera des difciples ; &
jamais quelque formidables, quelque
multipliés qu'ils foient, des châtiments ne fuppléeront à des raifons.

Ce fut en vain que pour frapper fur
le Préjugé des coups plus terribles
& plus décififs, l'autorité imagina
de joindre à fes armes celles de la
Religion. Le Préjugé fe forgea de
l'approbation que l'Eglife avoit paru
lui accorder jufques-là, une efpece
de bouclier, avec lequel il repouffa
fiérement les anathêmes dont elle
cherchoit à l'accabler. Il fit plus :
profitant des fauffes idées qu'on avoit
de la Religion & de l'honneur, il
plaça l'un fi loin de l'autre qu'il crut

pouvoir braver ou que même il ceſſa d'entendre dans la carriere de l'honneur, les foudres redoublés qu'on lançoit contre lui du ſanctuaire de la Religion.

Malgré tous les efforts de l'autorité, le Préjugé auroit donc ſubſiſté le même qu'auparavant, ſi tandis que les Loix eſſayoient ainſi de le détruire les armes à la main & d'un ſeul coup, les Lettres n'avoient trouvé le moyen de le décréditer avec art & peu à peu. Comment cela ? en répandant de tous côtés ſur la Nation leur lumiere bienfaiſante. Cette lumiere fit en quelque ſorte ſur la France ce qu'avoit fait ſur la terre enſevelie autrefois dans les eaux, la lumiere enflammée du ſoleil. Peu à peu l'océan de la Barbarie s'écoula. Un terrein immenſe, propre à recevoir le germe de la vérité fut découvert & cultivé par la Philofophie. La connoiffance de l'Univers, premier fruit de fes travaux, la conduifit à celle de l'homme, & la connoiffance de l'homme à celle de fes devoirs. Auffitôt fortirent comme du néant les véritables principes de l'Humanité, de la Juftice & de l'Héroïfme.

L'Humanité franchit les bornes que lui avoit prefcrit l'amour, pour mieux refpecter celles que lui impofoit la nature. Elle ne fe diftingua plus de cette bienveillance univerfelle que nous devons à tous nos femblables, fuffent-ils nos ennemis.

La Juftice défavoua toute vengeance perfonnelle & lui fubftitua la vengeance publique. Elle ne reconnut plus d'autre pouvoir légitime , ni d'autre jugement décisif que ceux de la Loi.

L'Héroïsme se sépara de la brutalité; n'admit le courage qu'accompagné de la raison ; rejetta le crime aussi constamment que le déshonneur ; exigea enfin des hommes qu'ils fussent désormais également prêts à tout sacrifier au devoir & à tout refuser à la Passion.

Ce n'est pas que des idées si peu conformes aux opinions reçues se soient établies sans peine & tout à coup dans la Nation. La Vérité demeura quelque-temps cachée auprès des Philosophes qui avoient été les premiers à l'accueillir. Encouragée par eux à se montrer au grand jour, elle vint trouver les Poëtes & les

Orateurs. Les Poëtes s'appliquerent à l'embellir & à lui soumettre par le double attrait de l'imagination & de l'harmonie ce sexe & cet âge, chez qui le vrai n'est souffert qu'à côté de l'agréable. Les Orateurs s'armerent du flambeau de la raison & de celui du sentiment pour la conduire comme en triomphe dans les Académies, dans les Tribunaux, dans le Sanctuaire, parmi les acclamations d'une vaste assemblée de Savants, de Magistrats, de Prêtres. Du milieu de cette assemblée elle se répandit dans les Cours, à l'Armée & jusques dans les places publiques, où quoique méconnue d'abord du stupide vulgaire, elle ne tarda pas long-temps à s'en faire suivre ou du moins à s'en faire respecter.

A cette époque la lumiere devient générale : les vraies idées de l'Humanité, de la Justice, de l'Héroïsme chaſſent de tous les eſprits les fauſſes idées qu'on en avoit. Le Préjugé féroce des Duels qui devoit à ces dernieres le maſque ſous lequel il en impoſoit à la Nation, paroit à découvert. Les François préparés inſenſiblement à l'enviſager tel qu'il eſt en lui-même, frémiſſent à ſon aſpect : ils n'avoient nourri ce monſtre ſi long-temps dans leur ſein que faute de le connoître : ils ne le connoiſſent que pour le rejetter avec horreur. Alors un cri général s'éleve contre le Duel. L'Héroïſme réclame contre ſes cruautés, la Juſtice contre ſes violences, l'Humanité contre ſes fureurs. On avoue qu'un Duelliſte peut bien être un gladiateur intrépide , mais qu'il ne sauroit être un héros ; que la place d'un héros est au milieu des escadrons ennemis & non sur le cadavre d'un concitoyen immolé ; que braver la mort par devoir est d'un grand homme ; mais que braver la mort par vengeance est d'une bête féroce. On avoue que la force ne peut tenir lieu de raison à un brave non plus qu'à tout autre ; qu'il n'a pas réparé sa gloire ni démontré son innocence par cela seul, qu'il a tué son accusateur ; que s'il est un homme flétri ou un ma-lhonnête homme, il ne cessera jamais de l'être en devenant un assas-sin. On avoue que les liens de l'honneur ne dégagent personne de ceux de la nature ; qu'il ne fut jamais permis de verser le sang d'un homme sous

prétexte

prétexte que c'est le sang d'un ennemi ; que pour écarter un rival ou pour punir un railleur, il est monstrueux de maſ-facrer quelquefois un ami. On avoue, en un mot, que le Duel n'est, au juge-ment de la ſaine raiſon, ni honorable, ni néceſſaire, ni même permis, & que l'opinion contraire qu'on en avoit eu juſqu'alors, étoit le comble de l'extravagance & de la barbarie.

Un préjugé ainſi démaſqué pour-roit-il être encore un préjugé domi-nant ? Et les Lettres n'ont-elles pas trouvé le moyen de le décréditer, en trouvant celüi de le faire connoître ? Ce moyen de détruire un préjugé en éclairant les hommes, & en changeant peu à peu leurs idées, est infaillible. Comme les erreurs ſe tiennent étroi-tement unies enſemble, la chûte de

B

l'une ne peut manquer d'entraîner celle des autres. De jour en jour les ruines s'accumulent, & bientôt dépourvu de tous ses appuis, le Préjugé lui-même s'écroule, à peu près comme ces tours antiques bâties sur le penchant d'une haute montagne, qui après avoir résisté aux assauts continuels du temps & aux foudres réitérés de la guerre, se précipitent enfin d'elles-mêmes dans la plaine avec le rocher qui les portoit.

SECONDE PARTIE.

La fureur des Duels n'étoit pas seulement un préjugé ; c'étoit de plus une passion. J'en atteste le goût excessif & opiniâtre de la Nation pour ces horribles combats ; cette foule de spectateurs qui, à la honte de l'humanité, venoient animer de leur préfence le courage des combattants ; les applaudiffements, la vénération univerfelle qui étoient le prix du vainqueur ; l'efpèce de fanatifme avec lequel tout ce qu'il y avoit alors de braves fe difputoit à qui mériteroit le plus fouvent une pareille récompenfe. Jamais fans la Paffion le Préjugé eût-il fuffi pour frapper tellement les efprits que dans l'appareil & l'image d'un meurtre on ne crût voir que l'appareil & l'image d'une fête, pour maîtrifer fi fort l'ame des combattants & des fpectateurs, que fourde aux cris plaintifs de la mort elle ne fût attentive qu'aux acclamations de la victoire ; pour faire en un mot du théâtre de la cruauté le théâtre du plaifir, & des fureurs de quelques particuliers l'amufement de tout un peuple ?

Empire de la Paffion, empire auffi étendu & cent fois plus redoutable que celui du Préjugé ! Le Préjugé vouloit vaincre ; la Paffion vouloit exterminer : l'un étoit avide d'honneur ; l'autre l'étoit de carnage ; l'erreur faifoit qu'on immoloit la juftice ; l'emportement faifoit qu'on immoloit jufqu'à la pitié.

Il ne fuffifoit donc pas, pour défarmer le Duel, d'arracher aux braves le poignard qu'ils tenoient de l'erreur ; il falloit encore leur arracher celui qu'ils tenoient de l'emportement. N'eft-ce pas ce que les Lettres ont fait, en gagnant le fentiment auffi-tôt que la raifon ; en calmant les efprits en même temps qu'elles les éclairoient ; en changeant tout à la fois les idées qui fervoient de bafe au Préjugé & les mœurs qui étoient la fource de la Paffion ?

Un caractere intraitable & féroce étoit dans les mœurs de nos ancêtres le premier aliment qui fut offert à la paffion des Duels : un caractere humain & flexible eft dans nos mœurs le premier bienfait que nous ayons reçu du commerce des Lettres.

C'étoit à la férocité de leur caractere que nos ancêtres devoient cette arrogance & cette hauteur qui dédaignoient les ménagements, & par-là multiplioient les querelles ; qui fomentoient parmi eux une guerre éternelle , en foulevant fans ceffe l'audace contre la témérité, la liberté contre la licence , la fierté contre l'orgueil. C'eſt au commerce des Lettres que nous devons cette douceur & cette complaiſance qui nous portent à ſacrifier nos privileges & notre vanité en quelques occaſions , pour ne pas ſacrifier en mille autres notre repos & nos plaiſirs ; qui nous rendent les maîtres de ceux-mêmes dont elles ſemblent nous rendre les eſclaves.

C'étoit à la férocité de leur caractere que nos ancêtres devoient cet eſprit d'intolérance , par une ſuite duquel ils vouloient être obéis ſans réſerve , crus ſans examen , chéris ſans rivaux ; ne ſouffrant, en quoi que ce pût être , ni refus, ni contradiction, ni partage. C'eſt au commerce des Lettres que nous devons cet eſprit de modération , par une ſuite duquel peſant à la balance de l'équité , plutôt

qu'à celle de l'amour propre , nos
préjugés , nos droits, & nos attache-
ments, nous savons mieux supporter
un adversaire , plus accorder à un
rival, moins exiger d'un ami.

Et n'étoit-ce pas aussi à la férocité
de leur caractere que nos ancêtres
devoient cet excès de franchise qui
plus voisin de l'impudence que de la
naïveté, blessoit en voulant instruire,
révoltoit en croyant amuser, portoit
en quelque sorte de la même main
le flambeau de la discorde & celui
de la vérité? Et n'est-ce pas aussi au
commerce des Lettres que nous devons
cette discrétion, cette réserve qui
allient le respect dû aux hommes avec
le respect dû à la vérité, ne voulant
ni tromper ni outrager personne;
épargnant des aveux fâcheux, s'ils sont

inutiles , les adouciffant , s'ils font néceffaires ; fongeant moins à faire connoître le vrai qu'à le faire aimer ?

N'étoit-ce pas enfin à la férocité de leur caractere que nos ancêtres devoient cette groffiéreté & cette rudeffe qui hériffoient les efprits plus encore que les manieres ; qui répandoient dans les difcours & dans les procédés un ton d'aigreur tout propre à repouffer la confiance, à préparer la défunion, à rendre l'infulte plus vive en la rendant plus ouverte, & la réparation moins fatiffaifante en la rendant moins adroite ? N'eft-ce pas enfin au commerce des Lettres que nous devons cette politeffe & cette urbanité qui embelliffent toujours les manieres, fi elles n'embelliffent pas les fentiments ; qui mettent dans nos procédés & dans nos difcours, finon la droiture, du moins la bienféance ; qui toujours annoncent la bienveillance & l'amitié, & qui quelquefois les amenent ; qui fans être de l'efprit & de la vertu, en tiennent lieu ; qui ne font pas, en un mot, le principal foutien de la fociété, mais qui en font fans contredit le principal agrément ?

Peut-être, à force de polir le caractere national, les Lettres ont-elles eu le malheur de l'affoiblir ; mais ce que nos fentiments ont pu perdre du côté de la force & de l'élévation, ils l'ont regagné du côté de la douceur & de l'équité ; & combien celles-ci ne font-elles pas préférables à celles-là pour le repos de la fociété, & en particulier pour l'extinction des Duels ?

Une partie des mœurs est dans le caractere, une autre est dans l'éducation. Dans les mœurs de nos ancêtres l'éducation contribuoit encore plus que le caractere à leur inspirer cette passion barbare qu'ils avoient pour les Duels. Quelle étoit leur éducation? une éducation toute guerriere. Les premiers principes qu'on inculquoit à la jeunesse, c'étoient des principes de bravoure : la bravoure faisoit le système dominant de la Nation, le sujet principal des conversations & des romans, l'ame du point d'honneur, & la mesure exacte de l'estime qu'on accordoit à chaque citoyen. On ne demandoit pas d'un homme s'il avoit des talents, mais s'il avoit du courage ; s'il savoit bien vivre, mais s'il savoit se bien battre. On méconnoiſſoit le grand homme dans le grand Magiſtrat ; on le dédaignoit dans le grand Écrivain ; on le fouloit aux pieds dans le grand Commerçant & dans le grand Artiſte : on ne le célébroit, on ne le récompenſoit que dans le grand Capitaine. Les femmes elles-mêmes ne choiſiſſoient leurs adorateurs que parmi les braves ; pour juger du mérite d'un amant & de ſa tendreſſe, les preuves qu'elles exigeoient, c'étoit des victoires & des trophées : elles auroient mieux aimé cent fois voir expirer que voir fuir léur amant. En un mot l'éclat des armes étoit le ſeul qui frappât les yeux du public ; la gloire des armes, la ſeule qui pût ſatisfaire l'ambition des particuliers : les armes retentiſſoient de toutes parts, juſques dans le ſein de la paix ;

& au milieu des jeux mêmes. Les fêtes, les spectacles offroient par-tout l'image des combats; & les parties de plaisir les plus recherchées étoient presque toujours des parties de carnage.

La passion des armes, voilà donc le principal fruit de l'éducation que recevoient nos ancêtres. Y avoit-il loin de cette passion à celle des Duels? Et comment des hommes sans cesse avides de combattre, n'en auroient-ils pas saisi les moindres prétextes, multiplié à l'infini les occasions? comment, aussi-tôt qu'un ennemi les avoit outragés, n'auroient-ils pas cherché dans sa défaite le double plaisir d'étaler leur bravoure & de réparer leur affront? comment se seroient-ils refusés au désir de vaincre joint au désir de se venger?

Paſſion barbare ! Les Lettres l'ont affoiblie en lui ſubſtituant , ou du moins en lui aſſociant une paſſion plus douce & plus raiſonnable. En effet, à peine leur lumiere eut-elle pénétré en France, que l'éducation changea ; & de Guerriere qu'elle étoit preſque uniquement, elle devint encore Littéraire.

La nouveauté des objets ne contribua pas peu à ce changement. On étoit las de n'entendre parler que de Guerre, de Tournoi, de Duel : les noms ſublimes de Vérité, de Raiſon, de Science , piquerent agréablement la curioſité. On fut ravi de voir croître loin des Camps où l'honneur s'étoit juſqu'alors confiné , une nouvelle moiſſon de Lauriers & de Gloire : de tous côtés on accourut pour la recueillir.

On le fit avèc d'autant plus d'ar-
deur que le plaifir de la nouveauté
fut foutenu par celui de la variété.
Sous une éducation Guerriere, une
feule qualité fructifioit, la Bravoure :
fous une éducation Littéraire mille
talents fleurirent à la fois. L'Eru-
dition parut & peupla la Nation de
Savants. L'Eloquence infpira quelques Orateurs & entraîna après eux
la multitude. Ici ce fut la Poéfie
accompagnée d'une troupe de beaux
Efprits dont elle fit les délices. Là
ce fut l'Hiftoire occupée à inftruire
les vivants par l'organe des morts.
La Philofophie avec les fciences
qui lui fervent de cortége, fe montra
la derniere : elle travailla à faire
connoître la Nature, tandis qu'amé-
nés à la fuite des Lettres, les Beaux-

Arts travailloient à l'embellir ; tandis qu'à la voix de l'Architecte, la terre se couvroit de Palais superbes ; que le Muficien faifoit retentir les Temples & les Théatres de Concerts mélodieux ; que le Marbre & l'Airain s'animoient fous le cifeau du Sculpteur ; que rival en quelque maniere du Créateur, le Peintre reproduifoit l'Univers fur la toile.

A la variété & à la nouveauté fe joignit encore un dernier motif, l'utilité & l'agrément des travaux Littéraires. Les Souverains reconnurent que d'une Ecole Guerriere il ne fortoit que de vaillants Hommes ; mais que d'une Ecole Guerriere & Littéraire tout enfemble, il fortoit, avec de vaillants Hommes, d'habiles Capitaines , d'utiles Légiflateurs , de

favants Politiques , de fages Magiftrats, de parfaits Citoyens. Les particuliers s'aperçurent qu'il étoit auffi
doux , auffi glorieux , d'éclairer les
Hommes que de les défendre , de
briller dans un Ouvrage immortel,
que dans un Combat célebre ; dans
une Académie, fur un Théatre, que
fur un Champ de Bataille ; auffi
doux , auffi glorieux d'être envers
fa Patrie prodigue de fon Génie que
prodigue de fon Sang.

Sujets, Souverains, tout s'empreffe
donc à faire fleurir les Lettres en
France. Des Etabliffements immenfes
s'élevent à grands frais : la Jeuneffe
y vient cultiver fon efprit & fes talents : les récompenfes les plus flat-
teufes, les afyles les plus honorables
font accordés aux Gens de Lettres :
déjà

déjà Richelieu a fondé pour eux l'Académie Françoife : déjà à l'exemple de l'Académie Françoife, mille autres Académies font circuler dans la France la lumiere, l'émulation, le génie : déjà le goût des Lettres, des Sciences & des Arts fait la paffion dominante des François.

Paffion qui en fe fortifiant a dû néceffairement affoiblir celle des Armes. Comment cela ne feroit-il pas arrivé ? Chaque Nation n'eft-elle pas bornée comme chaque homme à une certaine mefure de fentiment & de goût, & les partager, n'eft-ce pas les affoiblir ? Emportés d'un mouvement général vers les Lettres, pouvons-nous donc ne pas nous éloigner infenfiblement des Armes ? Si nous en avons fu conferver le talent, la ſcience, le goût même, n'avons-nous pas dû en perdre la paſſion ? Et avec autant de courage qu'autrefois & plus de lumieres, nos Guerriers ne doivent-ils pas avoir plus de modération & d'humanité ; être ſur-tout de moins furieux Duelliſtes, s'ils ne ſont pas de moins braves Soldats ?

D'autant plus qu'en affoibliſſant la paſſion des Armes à qui le Duel devoit tant, les Lettres ont auſſi affoibli la paſſion de la Galanterie & celle de la Débauche à qui il ne devoit pas moins. Tout concouroit à faire régner ces deux paſſions parmi nos Ancêtres : la licence des Armes qui leur en faiſoit une habitude ; l'ignorance des devoirs qui les empêchoit d'en faire un déshonneur ;

le déſœuvrement & le défaut d'autres plaiſirs qui leur en faiſoient preſque une néceſſité. Auſſi étoient-elles générales. Le temps qu'on ne conſacroit pas aux travaux de la Guerre & aux exercices du Tournoi, on le partageoit entre les excès de l'Ivreſſe & les ſoins de l'Amour. La brutalité qui étoit inſéparable des premiers, & la fidélité romaneſque dont ils ſe piquoient dans les ſeconds, faiſoient aiſément des uns & des autres une ſemence de diſcorde & de Duels : ici c'étoit l'Amour qui armoit des rivaux ; là c'étoit l'Ivreſſe qui armoit des furieux.

Lettres ! Vous avez étouffé ce double germe de fureurs. C'eſt que vous avez répandu par-tout l'amour de la vertu, ou du moins celui de la décence ; infpiré l'horreur du vice ou du moins la crainte du ridicule ; guéri ou du moins pallié le défordre : c'eft que vous rempliffez le défœuvrement d'une partie des Citoyens & des Guerriers, & qu'on voit fouvent ces derniers entrelaffer les couronnes des Mufes avec celles de Mars ; joindre la lumiere du génie au feu de la bravoure, écrire comme Folard après s'être battu comme Charles XII. C'eft enfin qu'aux plaifirs de la Débauche vous avez fubftitué des plaifirs & moins groffiers & moins funeftes, tels que ceux des Cercles devenus depuis votre établiffement plus fréquents, plus inftructifs & toujours plus propres à être l'école de la politeffe & de l'amitié, que celle de la débauche ou de l'amour ; tels encore que ceux des Spectacles à qui il ne manque pour être plus utiles que d'être plus attachants, non que ce foit un moyen de corriger nos paffions ; mais parce que c'en eft un affuré de les diftraire.

C'eft ainfi que les Lettres ont fu changer notre éducation après avoir réuffi à changer notre caractere. Que dirai-je de ce goût pour le Commerce qui a jeté parmi nous des racines fi profondes & fi étendues ? Combien les Lettres n'ont-elles pas contribué à fon établiffement, en l'affranchif-fant du mépris des Nobles & de celui du Vulgaire , en illuftrant fes tra-vaux, en multipliant fes reffources, en facilitant fes progrès ? He ! combien fon établiffement n'a-t-il pas contri-bué de concert avec les Lettres à rendre l'éducation moins guerriere, le caractere moins féroce ; à caufer dans nos mœurs cette grande, cette entiere révolution fi fatale à la paffion des Duels ?

Elle l'a attaquée jufques dans fa fource. Or ce moyen n'étoit-il pas le feul capable de l'affoiblir ? He ! qu'ont fait les Loix qui fe font bornées à l'attaquer dans fes effets ? Elles ont exterminé quelques furieux, elles n'en ont défarmé prefque aucun : elles ont pu multiplier, jamais elles n'ont pu prévenir les meurtres : elles ont ma-nifefté la volonté du Prince & l'on n'a fuivi que les mœurs : elles ont pourfuivi le Duel, & le Duel n'a fait que changer de nom pour échapper à leur pourfuite : en un mot, elles ont oppofé une digue au torrent de

la Paſſion qu'elles ont cru arrêter par-
là : le torrent a franchi cette digue, ou s'eſt détourné pour paſſer
à côté, & la Paſſion a ſubſiſté toute
entiere. (g)

Encore ſi les Loix avoient pour-
ſuivi le Duel avec un zele égal en
tout temps : elles auroient du moins
affoibli par-là l'empire de la Coutume : mais ce dernier avantage
même leur a manqué, & dans ce
point comme dans les deux précédents, la lumiere des Lettres a beaucoup plus fait que l'autorité des Loix.

TROISIEME PARTIE.

Oui ; pour guérir un mal auſſi
profondément enraciné & auſſi généralement répandu que l'étoit la fureur des Duels ; ce n'étoit pas aſſez

d'avoir calmé la Paſſion & décré-
dité le Préjugé : il falloit encore
abolir la Coutume. Demandons à la
plupart de nos Duelliſtes le motif qui
les conduit ſur l'arene : ce n'eſt plus
le Préjugé, comme autrefois ; ils en
reconnoiſſent aujourd'hui toute la
déraiſon & toute la barbarie. Ce
n'eſt pas même la Paſſion : le cri du
reſſentiment n'étouffe point en eux
le cri de la nature, & le deſir de
punir un adverſaire n'entraîne point
celui de le maſſacrer. Quel peut
donc être le mobile qui les conduit ?
Le plus foible en apparence & le
plus puiſſant en effet, la Coutume.
Soumis à ſon empire comme le reſte
de l'Univers, ils condamnent le Duel
en ſages, ils le déteſtent en hommes,
& ils y courent en eſclaves.

Coutume vraiment tyrannique ! C'eſt elle qui plus forte ſur l'eſprit d'un homme que l'amitié , que la reconnoiſſance , que la crainte même , l'oblige à s'armer contre un ami qu'il chérit , contre un bienfai-cteur qu'il révere , ſouvent contre un adverſaire qu'il redoute. C'eſt elle qui met le fer à la main à tant de jeunes Militaires qu'on voit chercher le Duel bien moins par bravoure ou par vengeance , que par inconſidé-ration ou par contrainte , en Enfants , ſi j'oſe le dire , bien plus qu'en Héros. C'eſt elle auſſi qui a établi parmi les braves cette eſpece de Duels mitigés , où l'on en veut au ſang de ſon rival , mais non à ſa vie , & au ſortir deſquels on s'embraſſe auſſi tranquillement qu'on ſe battoit , preuve ſenſible qu'on ne se battoit que pour paroître l'avoir fait, & pour se conformer à une Coutume plutôt que pour suivre un Préjugé, ou pour assouvir une Passion.

Coutume dont l'autorité est fondée sur la crainte du jugement des hommes, & sur-tout de ces hommes qui déterminés à ne montrer les objets que sous l'aspect le moins favorable, ne manqueroient pas de travestir en lâche quiconque seroit assez courageux pour refuser un Duel. Coutume donc qu'on ne pouvoit combattre avec succès qu'en opposant au jugement de ces hommes redoutables un jugement capable de le balancer, enforte que de l'un le brave pût hardiment en appeller à l'autre. Quelque respectable que soit le témoignage des Souverains dans les Loix qu'ils portent, on ne peut pas dire qu'il forme toujours un jugement capable de balancer celui du Public. Plufieurs caufes l'ont empêché de produire cet heureux effet par rapport à la coutume des Duels. Les variations des Souverains qui l'ont combattue vivement dans un temps, foiblement dans un autre : fi quelque chofe décrédite l'Autorité, c'eft de la voir jointe au caprice, & une Loi qui fe dément eft une Loi qui fe détruit. L'air de defpotifme dont l'Autorité ne fauroit fe dépouiller, & qui en matiere d'opinion & d'honneur fait paffer fon témoignage pour incompétent, en le faifant paffer pour tyrannique. Car les Rois font conftitués juges de nos crimes & non juges de nos ridicules; & fi tout un Peuple a déclaré un homme méprifable, la Loi aura beau déclarer le contraire, elle n'aboutira qu'à le faire méprifer davantage, & à fe faire méprifer elle-même. Enfin, une forte d'inconféquence prefque inévitable dans le jugement que les Loix portent fur les Duels. Quel jugement, s'eft-on écrié, que celui qui condamne le coupable à la mort, & laiffe l'innocent dans l'opprobre; qui veut qu'on immole un Officier s'il accepte un Duel, & qui n'empêche pas qu'on ne le chaffe de fon Corps, s'il s'y refufe! Inconféquent, ce jugement a paru injufte; bizarre, il a paru erroné; incompétent, il a paru ridicule, & fi quelqu'un avoit voulu s'en fervir comme d'un motif fuffifant pour fe souſtraire à un Duel , il auroit été regardé non ſeulement comme un lâche qui cherchoit un prétexte; mais encore comme un inſenſé qui n'en apportoit qu'un mauvais.

Par où eſt-ce donc que les Lettres ont plus fait que les Loix contre la Coutume des Duels? C'eſt en oppoſant à l'autorité de la Coutume une autorité plus propre à la balancer, celle de la Raiſon, de la Religion, de l'Humanité : rien de moins incompétent, de moins bizarre, de moins inconſéquent, & par-là rien de plus reſpectable que leur témoignage : on peut le condamner dans la bouche de celui pour qui c'eſt un prétexte ; on y applaudira toujours dans la bouche de celui pour qui ce ſera un motif; car s'il y a de la gloire à être brave , il y en a encore plus à être religieux , humain, raisonnable.

C'est en affermissant l'ame des Gens de bien contre le mépris injuste des hommes, dont elles ont fait connoître & dédaigner le jugement. L'Ignorance & la Foiblesse fuyent devant le Ridicule ; la Sagesse seule ose le braver , parce que elle ose seule l'examiner. Placez Socrate dans nos Armées & présentez-lui un Duel ; il le refuse : vous le méprisez, il vous plaint.

C'est en appuyant les efforts des Souverains eux-mêmes : il n'est rien qui résiste à l'Autorité secondée par la Raison. Rappellons-nous ce temps où le Vainqueur de l'Europe entiere

fongea à le devenir auffi des Duels.
Rappellons-nous ce concert unanime
d'eloges , d'applaudiffements que
les Lettres firent retentir en l'honneur de fon zele. Peut-on douter
que ce cri général de tout ce qu'il
y avoit de plus éclairé dans la Nation n'ait valu en grande partie à
Louis XIV un triomphe fur les
Duels, que dépourvus d'un pareil
fecours , quoique animés du même
efprit, plufieurs Rois avoient cherché
inutilement avant lui ?

Enfin, c'eft par l'afcendant que les
Gens de Lettres prennent à la longue
fur le Public : d'abord il rejette leur
maniere de penfer, enfuite il l'examine, bientôt il la tolere, déjà il la
foutient ; par ce ton infinuant de

douceur & de sentiment qu'ils prê-
tent à la raison & qui peut seul re-
pousser avec quelque succès ce ton
imposant de raillerie & de suffisance
dont s'arme la malignité ; par les
images touchantes & sublimes dont
ils savent embellir la vérité : on em-
porte avec soi ces images, & gravées
profondément dans l'ame, elles y
deviennent comme autant de traits de
lumiere qui l'échauffent en l'éclairant ; par l'uniformité, la multitude
& la continuité de leurs invectives
contre les Duels ; est-il un seul de
nos Ecrivains qui en ait pris la dé-
fense ? Un seul dans ce siecle si paf-
fionné pour les paradoxes qui en ait
fait le sujet d'un paradoxe? He! combien qui les ont condamnés, décriés,

avilis ?

avilis? Combien fe font plu à répan-
dre fur une coutume fi étrange le
fiel de l'indignation & celui du ridicule? Ne diroit-on pas que le Duel
eft l'ennemi particulier des Lettres?
Jamais ont-elles ceffé de le combattre ? Ne le combattent-elles pas aujourd'hui avec plus de courage & de
force que jamais ? Parmi les raifons
qui doivent rendre le prix de cette
Académie flatteur pour celui qui
en fera décoré, la beauté du fujet
n'en eft-elle pas une des mieux
fondées ? Y a-t-il même un feul
des concurrents, s'il eft digne d'en
être, qui ne préférât fans héfiter à la
gloire de bien parler contre le Duel,
celle de le détruire.

Si la lumiere des Lettres ne l'a pas
détruit entiérement, toujours eft-il

vrai qu'elle a plus fait contre lui que l'autorité des Loix. Ajoutons qu'en continuant de le combattre par les mêmes moyens dont elle l'a jusqu'ici combattu, elle ne peut manquer de l'exterminer tout-à-fait. Peut-être le moment de sa chûte n'est-il pas éloigné. C'est ce que promettent à la Nation l'autorité des Gens de Lettres qui s'accroît chaque jour parmi nous & qui chaque jour devient plus propre à balancer l'autorité de la Coutume ; nos mœurs qui s'éloignent de plus en plus de cette barbarie où étoit la véritable source de la Passion ; la Raison qui fait les progrès les plus rapides & qui décrédite de jour en jour avec plus d'avantage le Préjugé.

Achevez un si bel ouvrage, vous qui l'avez déjà si fort avancé.

Lettres, Sciences, Beaux Arts ! Que de principes destructeurs, que de penchants barbares, que d'usages insensés, que de fureurs vous pouvez nous épargner avec celle des Duels ! Vous tenez entre vos mains le flambeau qui doit éclairer notre raison, le feu qui doit épurer notre caractere, la regle qui doit diriger notre conduite : c'est à vous d'être les guides, les oracles, les génies tutélaires de la Société. Ah ! ne vous resserrez point dans les bornes d'un Empire : l'Univers est votre patrie, & vos bienfaits sont dus à l'Univers. Quel plus beau spectacle que celui du Genre Humain recevant de toutes parts en silence les leçons de la Vérité & celles de la Vertu ; élevant sur toute la surface de la terre des Autels à la Concorde, à la Philofophie, à la Religion ; fermant pour jamais le Temple de la Guerre , & celui de la fuperftition ; n'offrant dans cette multitude innombrable de Peuples partagés d'intérêts , d'idées , & de fentiments , qu'un feul & même Peuple dont les fentiments feroient ceux de la Nature ; les idées, celles de la Raifon univerfelle ; les intérêts, ceux d'un bonheur & d'une paix générale ! La Poéfie a crayonné l'âge d'or, la Philofophie le réalife-roit. Les hommes que trop d'igno-rance & trop d'opiniâtreté , trop de foibleffe & trop de prétentions con-courent à rendre méchants & mal-heureux, ne feroient ni l'un ni l'autre, s'ils étoient éclairés. (*h*) S'ils étoient éclairés, ils cefferoient de confondre avec leurs droits & leurs befoins réels, des droits & des befoins imaginaires.

'Alors difparoîtroient ces haines na-
tionales, ces jaloufies populaires, cet
efprit de conquête & d'ufurpation qui
font de la race infortunée des hommes, autant de Bêtes fanguinaires
acharnées à s'entre-dévorer. Alors
rentreroient dans les Enfers, où elles
ont pris naiffance, les trois Furies,
qui ont coutume de ravager notre
Globe; le Defpotifme, qui empêche
les plus grands biens; le Fanatifme,
qui produit les plus grands maux;
l'Ambition, qui eft capable à la fois
de l'un & de l'autre excès. Alors s'éle-
veroient par-tout fous d'excellents
Magiftrats, d'excellents Citoyens; des
Sujets paifibles fous des Chefs révérés;
fous des Rois inftruits & pacifiques,
des Peuples heureux & floriffants.

Afpera tum pofitis mitefcent fæcula bellis.

Virg. Æn. lib. 1.

D iij

NOTES HISTORIQUES.

PAge 6. (*a*). Philippe le Bel dit dans une Ordonnance de 1306, qu'ayant défendu généralement le Duel , plufieurs malfaiĉteurs en avoient abufé pour commettre fecrétement des homicides, trahifons & autres maléfices, griefs & excès qui demeuroient impunis faute de témoins : mais que pour leur ôter toute caufe de mal faire, il modifioit ainfi fa défenfe ; favoir, qu'en cas d'homicide , trahifon, violence , maléfice, lorfqu'il n'y avoit pas de témoins ou de preuves fuffifantes, on pourroit appeller en Duel celui qui par indices ou fortes préfomptions, feroit foupçonné d'avoir commis le crime.

Page 6. (*b*). L'Eglife , ou pour parler plus jufte , fes Miniftres autorifoient en quelque façon les Duels. Ils fouffroient que l'on dît des Meffes pour ceux qui alloient fe battre, & qu'on leur donnât même la Communion avant le Combat. Quelquefois des Evêques y affiftoient, comme on en vit au Duel des Ducs de Lancaftre & de Brunfwick. Les Juges d'Eglife ordonnoient auffi le Duel. Louis le Gros accorda aux Religieux de St. Maur des Foffés, le droit de l'ordonner entre leurs Serfs & des perfonnes Franches. Les Duels ordonnés par le Juge de l'Evêque, fe faifoient dans la cour même de l'Evêché : c'eſt ainſi que l'on en uſoit à Paris : les Champions ſe battoient dans la premiere cour de l'Archevêché, où eſt le Siege de l'Officialité. Ce fait eſt rapporté dans un manuſcrit de Pierre le Chantre de Paris, qui écrivoit vers l'an 1180. Cet Auteur ajoute que le Pape Eugene (apparemment Eugene III.) étant conſulté à ce ſujet, répondit ; *utimini conſuetudine veſtrâ.*

Page 6. (*c*). L'ignorance étoit telle que la Juſtice ordonnoit quelquefois les Duels comme une preuve juridique quand les autres preuves manquoient. On appelloit cela le Jugement de Dieu, ou le plaît de l'épée, *placitum enſis.* Cette coutume barbare venoit du Nord, d'où elle paſſa en Allemagne, puis dans la Bourgogne, en France & dans toute l'Europe. On y avoit recours tant en matiere civile que criminelle, pour connoître l'innocence ou le bon droit d'une partie, & même pour décider de la vérité d'un point de droit ou de fait, dans la préſuppoſition que l'avantage du combat étoit toujours pour celui qui avoit raiſon. Voici les cérémonies qui précédoient le Duel. On amenoit les Champions à jeun devant le Juge qui l'avoit ordonné. Il leur faiſoit prêter ſerment de dire la vérité : on leur donnoit enſuite à manger ; puis ils s'armoient en préſence du Juge : on régloit leurs Armes: quatre Parrains choiſis les faiſoient dépouiller, oindre le corps d'huile, couper la barbe & les cheveux en rond : on les menoit dans un Camp fermé & gardé par des Gens armés : on faisoit mettre les Champions à genoux l'un devant l'autre, les doigts croisés & entrelassés, se demandant justice, jurant de ne point soutenir une fausseté & de ne point chercher la Victoire par fraude ni par magie. Les Parrains visitoient leurs Armes & leur faisoient faire leur Priere & leur Confession à genoux; & après leur avoir demandé s'ils n'avoient aucune parole à faire porter à leur Adversaire, ils les laissoient en venir aux mains : le Héraut crioit de dessus les barrieres par trois fois : *laissez aller les bons Combattants* : alors on se battoit sans quartier. A Paris le lieu destiné pour les Duels, étoit marqué par le Roi : c'étoit ordinairement devant le Louvre ou devant l'Hôtel de Ville. Le Roi y assistoit avec toute sa Cour ; quand le Roi n'y venoit pas, il envoyoit le Connétable à sa place.

Page 7. (*d*). Ce n'est point une exagération. On ne dispensoit du Duel que les femmes, les malades, ceux qui étoient au dessous de vingt & un an, ou au dessus de soixante. Les Nobles étoient obligés de se battre contre des Roturiers. Les Ecclésiastiques, les Prêtres, ni les Moines n'en étoient pas exempts : seulement afin qu'ils ne se souillassent point de sang, on les obligeoit de donner des Gens qui se battoient à leur place. Ils se battoient cependant quelquefois eux-mêmes en champ clos ;

témoin Regnaud Chefnel, Clerc de l'Evêque de Saintes qui fe battit contre Guillaume, l'un des Religieux de Geoffroi, Abbé de Vendôme. Il n'y avoit pas jufqu'aux Princes du Sang qui ne fuffent obligés de fe foumettre à l'épreuve du Duel quand ils étoient accufés de meurtre ou de trahifon.

Page 7. (*e*). Le Chevalier Bayard tua en Duel Dom Alonzo de Soto, Capitaine Efpagnol. Cela fait, il fe mit à genoux pour remercier le Ciel de fa victoire. Les autres Officiers François le mirent à la tête de deux cents chevaux, & le menerent ainfi en triomphe à la Garnifon du Commandant ? Dès qu'on y fut arrivé, Bayard, au lieu d'entrer avec les autres chez le Commandant, prit le chemin de l'Eglife, & y alla rendre des actions de graces au Seigneur de l'avantage qu'il venoit de remporter. Comment peut-on réunir à la fois tant de piété & tant de barbarie ?

Page 8. (*f*). Louis VII fut le premier qui commença à reftraindre l'ufage des Duels en France. En aboliffant plufieurs mauvaifes coutumes de la ville d'Orléans, il défendit entre autres chofes qu'on ordonnât le Duel pour une dette de cinq fols ou de moins. St. Louis alla plus loin : après avoir défendu les guerres privées, il défendit auffi abfolument les Duels. Les Seigneurs refuferent de fe conformer dans leurs Domaines aux bonnes intentions de St. Louis : elles demeurerent fans effet dans fes

Domaines mêmes, tant la fureur des Duels étoit violente. Sous Charles VI on se battoit pour si peu de chose, qu'il fit défenses sur peine de la vie d'en venir aux Armes sans cause raisonnable. Il publia aussi une Ordonnance portant que personne ne fût reçu *à faire gage de bataille*, comme on parloit alors, à moins qu'il n'y eût gage adjugé par le Roi. Le dernier combat qui fut autorisé publiquement, fut le Duel qui se fit en 1547, entre Gui Chabot, fils du sieur de Jarnac, & François de Vivonne, sieur de la Chataigneraye : ce fut à Saint-Germain-en-Laye, en présence du Roi & de toute la Cour. Vivonne y fut blessé & mourut de ses blessures : le Roi Henri II fit dès ce moment vœu de ne plus permettre les Duels. Ils n'en devinrent pas moins fréquents pour cela. C'est pourquoi l'on multiplia les défenses. Henri IV, Louis XIII, firent à ce sujet plusieurs Réglements. Mais ils furent tous sans aucun fruit jusqu'au temps de Louis XIV, lequel défendit les Duels encore plus rigoureusement que ses Prédécesseurs, & tint la main à l'exécution des Réglements. Le Roi à présent régnant fit serment à son Sacre de n'exempter personne de la rigueur des peines ordonnées contre les Duels; & par un Edit du mois de Février 1729, il renouvella les défenses portées par les Edits précédents. Il y est dit que comme les peines décernées contre les Duels n'avoient pas été jusqu'alors suffisantes pour en arrêter le cours, les Maréchaux de France & autres Juges du point d'honneur, pourront prononcer des châtiments plus graves, selon l'exigence des cas.

Page 39. (*g*). M. le Préſident Hénault, dans ſon abrégé de l'Hiſtoire de France, dit que la défenſe expreſſe que Henri II avoit faite des Duels, les avoit rendus plus fréquents bien loin de les rendre plus rares. Il y dit auſſi que les combats à outrance où il falloit néceſſairement que l'un des deux Combattants périt, étoit un moyen infaillible pour les faire tomber. C'eſt le parti que prit le Maréchal de Briſſac en Piémont; voyant l'excès où étoit portée la fureur des Duels, il imagina de les permettre; mais d'une maniere ſi périlleuſe qu'il en ôta bientôt le deſir : il ordonna que ceux qui auroient déſormais querelle, la décideroient ſur un certain pont entre quatre piques, & que le Vaincu ſeroit jeté dans la riviere, ſans qu'il fût permis au Vainqueur de lui donner la vie. Remede cruel, ajoute M. Hénault, & pire que le mal.

Pag. 52. (*h*) Depuis que le Philoſophe de Geneve s'eſt plu à faire la ſatyre des Lettres, une foule d'Ecrivains ſe plaiſent à nous la répéter. Il ſeroit aiſé de montrer qu'en elles-mêmes les connoiſſances, de quelque genre qu'elles puiſſent être, ſont plus utiles que nuiſibles; plus aiſé encore de montrer, que conſidérées, par rapport à l'état préſent de l'Europe, elles y ont beaucoup plus corrigé de vices, qu'elles n'y ont corrompu de vertus. Mais il est des vérités qu'il faut savoir, & qu'on ne permet guere de prouver. Mieux vaudroit cent fois les combattre. On fait la réponse de ce Juge, qui consulté par quelqu'un sur un Procès, lui dit : *Examinez votre cause ; si vous avez raison, accordez - vous ; si vous avez tort, plaidez.* Je dirois à peu près la même chose à un Ecrivain qui me demanderoit, s'il doit soutenir le bon ou le mauvais parti : Soutenez le bon parti, lui dirois-je, si vous n'écrivez que pour vous ; soutenez le mauvais si vous écrivez pour les autres. Le vrai & le beau ont des Approbateurs ; les Admirateurs ne sont que pour le singulier & le paradoxe.

APPROBATION.

J'AI lu le Discours qui a pour titre : *La lumiere des Lettres n'a-t-elle pas plus fait contre la fureur des Duels, que l'autorité des Loix ?* Je n'y ai rien trouvé qui pût en empêcher l'impression. A Lyon, le 26 Juin 1761.
Signé NAVARRE, Vicaire Général.

Vu l'Approbation, permis d'imprimer, à la charge que cette impression n'excédera pas deux feuilles de Cicero. A Lyon, le 28 Juin 176..
Signé DELAFFRASSE

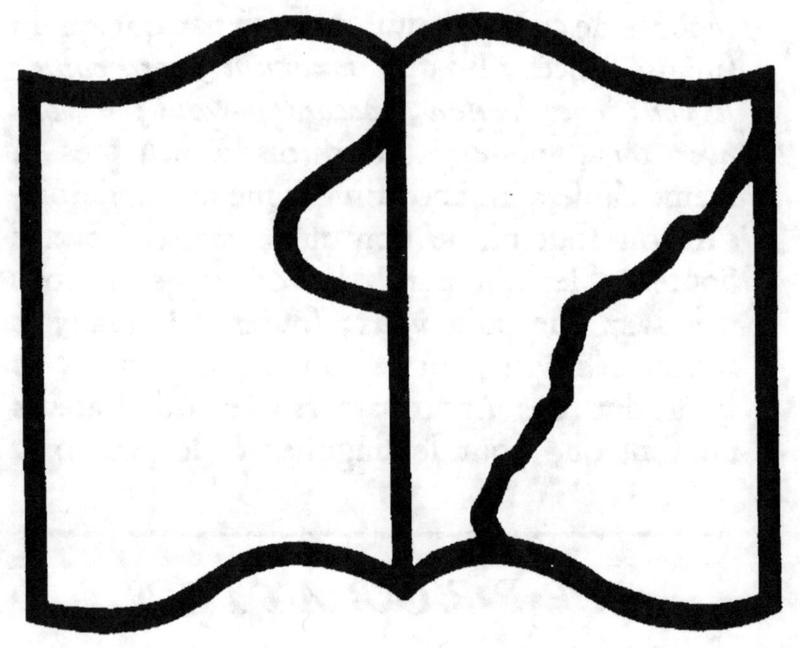

**Texte détérioré – Reliure défectueuse
NF Z 43-120-11**

Conforme à l'original

LETTRE

Sur les Avantages & l'Origine de la Gaieté Françoise.

VOUS me demandez, Monsieur, ce que je pense de votre Nation : j'ai assez vu de Peuples, assez parcouru de Royaumes, pour ne pas craindre de me tromper, ou de vous flatter, en vous disant que vous êtes les plus aimables & les plus sociables d tous les hommes.

L'ingénieuse Zilia (*a*) croyoit que les François s'étoient échappés des mains du Créateur, au moment où il n'avoit encore assembl , pour les former, que l'air & le feu. Je le crois comme elle, & je ne vous en estime pas moins : il est vrai que votre vivacité blesse

____

(*a*) Lettre d'une Péruvienne, IV.

souvent l'Etranger qui vous aborde pour la première fois, & semble annoncer en vous les tyrans des autres hommes; mais votre politesse, votre cordialité, & sur-tout cette générosité qui paroît s'oublier elle-même pour ne s'occuper que d'autrui, effacent bientôt les fâcheuses impressions faites par votre vivacité, & nous étalent en vous les meilleurs Amis du genre humain.

Vous avez de plus, & c'est ce qui m'a touché davantage dans les mœurs Françoises, vous avez un fond de gaieté bien propre à en inspirer aux autres, & à vous réconcilier vos ennemis les plus obstinés. Je me ferois fort de distinguer un de vos Compatriotes au seul air dont il m'écouteroit parler. Un sourire aimable, peut-être malin, seroit sa première réponse : une plaisanterie viendroit l'instant d'après animer l'entretien ; & eussions-nous commencé par l'affaire la plus sérieuse, je ne doute pas que nous ne finissions par le badinage le plus réjouissant.

C'est à quelques exceptions près, le caractère

marqué de votre Nation. Vous badinez au Conseil; vous badinez à la tête d'une Armée; le badinage va se placer dans toutes vos conversations ; il va se placer dans tous vos écrits ; j'ai connu des Prédicateurs qui trouvoient moyen de le placer jusques dans leurs Sermons.

Ce caractere de gaieté m'a tellement frappé, que je n'ai pu m'empêcher de faire là-dessus quelques réflexions. Bonnes ou mauvaises, j'ai résolu de vous les communiquer : mais n'attendez pas, je vous prie, d'un Etranger comme moi, cette tournure légere, ces saillies brillantes, qui semblent glisser à peine sur les objets, lors même qu'elles les approfondissent. Souvenez-vous que si je vous parle des François, je ne le suis point malheureusement, & que je vous détaille leurs agrémens sans les avoir.

Vous avez peut-être cru d'abord que je voulois faire la Satyre de votre gaieté; point du tout : rien ne me paroît plus aimable, rien ne me paroît plus utile. C'est un ornement, c'eſt une reſſource ; un ornement dans les biens ; une reſſource dans les maux.

Les eſprits qu'on nomme graves, & que je nomme triſtes, ſentent fort peu les bons ſuccès, & infiniment les mauvais. Leur imagination chargée d'idées noires, en admet difficilement d'autres. Ils aggravent le poids de leurs malheurs, en y joignant celui de leurs craintes ; ils troublent le cours de leurs plaiſirs, en y mêlant le poiſon de leurs inquiétudes. Si la ſcene du préſent déploie à leurs yeux de riants Spectacles, ils ſe tranſportent ſur la ſcene de l'avenir, & s'y préparent de loin les Spectacles les plus déſolants. Félicitez-les, ils ſoupçonnent des flatteurs ; ils ſoupçonnent des railleurs, ſi vous les conſolez ; heureux, tant qu'il vous plaira, par ce qu'ils ſentent, ils ſont toujours mal-heureux par ce qu'ils imaginent : jamais à leur aiſe, en marchant ſur les roſes, ils ne reſſentent que les épines ; abbatus ſous les moindres coups, la pierre qui les frappe eſt un rocher qui les écraſe.

Parlez-

Parlez-moi d'un caractere naturellement gai : il se joue de tout, des peines, des difficultés, des revers même ; il éclaire d'une lumiere douce & aimable tout ce qui l'environne ; il donne une teinte de joie à tout ce qu'il touche ; il ne vole d'objet en objet, que pour voler de plaisir en plaisir ; il se console du passé par le présent, du présent par l'avenir ; en tout il ne saisit que les côtés qui lui font analogues ; & glissant avec rapidité sur ce qu'il pourroit y avoir de triste & de fâcheux, il court se reposer avec transport sur ce qu'il y a d'heureux & d'agréable. Il fait ce que j'ai souvent fait dans mes voyages, & ce que vous aurez fait vous-même dans les vôtres ; les chemins les plus difficiles, font ceux que je me hâtois de parcourir le plus vîte, tandis que je ne m'éloignois qu'à regret & le plus lentement que je pouvois des endroits riants & agréables.

Le Philosophe qui a prétendu que tout étoit mal, n'avoit pas sans doute eu le bonheur de naître avec un caractere fort gai ;

& celui au contraire qui a prétendu que tout étoit bien, devoit avoir l'efprit fingu- liérement tourné à la gaieté dont nous parlons. En effet, les chofes ne font en elles- mêmes ni heureufes ni malheureufes : ces dénominations marquent uniquement les deux différentes manieres dont nous les envifageons. Un efprit naturellement gai peut en être affecté en mauvaife part pour quelques moments, jamais long-temps de fuite. Etourdi du coup , il s'effraie, il fe défole, mais il regarde de près, & voit bientôt de quoi fe raffurer : il rira de fon mal ou de fa peur, s'il ne peut rire d'autre chofe.

Bien différents de ces Peuples Afiatiques , condamnés à une gravité, ou pour mieux dire, à une mélancolie éternelle, chez qui, dit-on , l'on trouve des familles , où de pere en fils perfonne n'a ri depuis plufieurs fiecles : les François font toujours riants, toujours enjoués. La gaieté femble être leur élément ; ils l'appor- tent ou la cherchent en tout lieu : elle préfide à tous les repas , à toutes les fêtes , à tous les cercles. Ailleurs on s'affemble ou pour raifonner, ou pour s'enivrer, ou pour tramer des complots ; en France on ne s'affemble que pour s'égayer. Auffi n'eft-il rien d'affez infupportable qu'un François ne fupporte fans peine, dès qu'il en peut plaifanter fans crainte.

Il eft des Nations où l'amour irrité devient furieux ; chez vous il n'eft prefque jamais que badin : c'eft un Dieu pour les autres ; ce n'eft qu'un Enfant pour vous. Effuyez-vous fes rigueurs ? Vous commencez par vous en plaindre ; vous finiffez par en rire : votre vivacité pourroit vous donner de la paffion ; votre gaieté ne vous laiffe prendre que de la galanterie.

J'allai l'autre jour rendre vifite à un de mes amis légérement indifpofé. Vous vous imaginez qu'il m'entretint de fes craintes, de fes douleurs, de fes infomnies. Rien de tout cela. Il ne me parla que d'un vieil Empyrique qu'on lui avoit amené, de fon habit fingulier, de fon ton magiftral, de fon air gauche à la fois & lugubre. J'étois venu pour partager les

E ij

gémiffements du malade ; je ne partageai que ſes éclats de rire ; & je ſortis de chez lui bien plus gai que je n'y étois entré. A des malades de ce caractere, il faut, diſois-je, des Médecins de cette eſpece : pour adoucir le mal, ils n'auront pas beſoin d'ordonner des remedes, ils n'auront qu'à étaler des ridicules ; & à ce compte, vous m'avouerez qu'il y aura bien plus de bons Médecins qu'on ne penſe.

J'ai vu un Plaideur ſe conſoler pleinement du malheur d'avoir perdu ſon procès, par le plaiſir d'avoir raillé ſes Juges. Un autre n'ayant pu obtenir une grace d'un Miniſtre, alla ſur le champ compoſer contre lui une chanſon fort plaiſante, & ſe trouva, ſinon exaucé, du moins ſatisfait.

Notre gaieté, dit un de vos Ecrivains, (b). nous tient lieu de patience. Un couplet ingé-nieux, un trait de raillerie, font oublier aux François de vraies calamités, qui jetteroient d'autres Peuples dans le découragement, ou les pouſſeroient à la rébellion. Tout nous

(b) M. de Mirabeau.

réveille , tout nous ranime : un tambourin garantit du scorbut des équipages entiers de nos matelots. Quand M. de Louvois apprenoit que la désertion se mettoit parmi les troupes d'une forte garnison, il l'arrêtoit soudain, en envoyant Tabarin vendre son orviétan sur la place.

Ainsi, comme vous voyez, votre gaieté peut devenir une excellente ressource politique. Henri IV, le Duc Régent, le Maréchal de Villars en fournissent des preuves frappantes.

Le premier par son caractere gai, vif, affable, par ses bons mots & sa franchise, fit ce qu'il n'auroit jamais fait par son seul courage, par sa seule politique, ni par tout autre moyen : il étouffa la fureur des guerres civiles, transforma un Peuple de fanatiques & de séditieux, en un Peuple d'excellents sujets ; & se rendit sans peine l'idole des François, dont il avoit eu tant de difficulté à se rendre le maître.

Le second aisé dans ses manieres, enjoué dans ses discours, homme aimable autant que Prince absolu, gouverna à son aise la

France en l'amuſant. Tour-à-tour il donnoit des ordres & compoſoit des chanſons ; il ſe faiſoit un amuſement des affaires & une affaire des amuſements. Son empire, quoique d'emprunt, fut tout-puiſſant ſur la Nation, parce que c'étoit en même temps l'empire du génie & celui de la gaieté.

Pour ce qui eſt du dernier, voici le portrait qu'en fait l'Ecrivain illuſtre que je vous ai déjà cité : Un Général auſſi gaillard & avantageux qu'habile, (c) ſe trouva à la tête de nos Armées dans des temps de calamité. Ses plaiſanteries qui n'étoient pas toujours du goût de l'Officier ſupérieur, égayoient le Soldat mourant de faim, & manquant de ſouliers. Il vint un bon moment : le héros publia que la France étoit délivrée, & on le crut. Les troupes auparavant découragées marcherent dès-lors comme à des

(c) En rapportant ces traits, j'ai cru devoir les adoucir. Le Vainqueur d'Eugene n'a pas merité, ce me ſemble, les reproches que lui fait l'Ami des hommes ; mais les eût-il mérités, je ne les aurois pas moins ſupprimés. De petits défauts doivent diſparoître partout où ſe montrent de grandes vertus.

victoires certaines : mille héros vaillants n'a-
voient pu jusqu'alors remettre la France sur
pied ; un héros gai autant que vaillant parut,
& tout alla à merveille.

Les avantages de votre gaieté ne font pas
la feule chofe qui m'ait frappé, & fur laquelle
j'aie réfléchi. J'ai cherché auffi à en démêler
les caufes. La premiere de toutes m'a paru
être la nature de votre climat. Vous tenez de
lui cette légéreté, cette vivacité, qui vous
donne ce femble, une feconde ame, que les
autres Peuples n'ont point. L'inaction qui eft
leur fituation la plus douce, vous eft prefque
infupportable ; vous appellez ennui ce qu'ils
appellent repos ; c'eft pour eux un tourment
que d'agir, que de fe mouvoir, que de rouler
éternellement dans un tourbillon de projets
& d'affaires ; mais c'eft un befoin pour vous:
fans doute que les efprits qui vous animent,
font ou en plus grande quantité ou d'une
forme plus déliée & plus agile. Vous ne marchez
pas, vous courez ; vos paroles fe précipitent
plutôt qu'elles ne fe fuivent ; vous dites plus

E iv

de chofes, ou du moins plus de mots en une converfation, qu'un Anglois en cent. Il faut à un Etranger, fur-tout fi c'eft un Allemand, des heures entieres pour confidérer une curio-fité, un bâtiment fuperbe ; le coup d'œil d'un François les parcourt en un inftant ; l'un eft une tortue qui fe traîne lentement & avec effort fur la terre ; l'autre un aigle qui dans le même moment quitte la terre & plane dans les Cieux.

Cette flexibilité étonnante, fruit d'un climat le plus tempéré de l'Europe, & qui n'eft ni affez froid pour engourdir vos efprits, ni affez chaud pour ralentir vos forces, ni affez uni-forme pour fixer votre caractere, vous en donne un tout de feu, non pas de ce feu qui dévore avec rage, mais de ce feu qui pétille avec grace & nous réchauffe fans nous brûler. Actifs autant qu'impatiens, vous finiffez les chofes avant prefque de les avoir commencées. Elles vous délaffent, vous diftraient plutôt qu'elles ne vous occupent ; au lieu de plier votre humeur à votre rang, à vos affaires, à votre âge, vous pliez votre âge, vos affaires, votre rang à votre humeur ; vous n'êtes pas fensibles à la peine, parce que vous ne l'êtes qu'à l'agrément ; vous brillez, vous excellez en tout, en vous jouant de tout.

Votre climat vous prépare à la gaieté, votre gouvernement vous y fixe. Ce ne fera guere dans un Etat Républicain qu'on trouvera une certaine gaieté : le bonheur y eft, mais non pas l'enjouement. Rien de plus oppofé que ce dernier aux objets importants dont chaque Citoyen doit s'occuper. L'idée d'amufement & de badinage ne s'allie pas trop aux idées graves de liberté & de politique ; une chanfon réjouiroit affez peu des gens occupés d'une guerre, d'un traité de paix, d'un fyftême d'adminiftration ; & les ridicules d'un particulier ne font rien pour celui qui contemple fans ceffe les befoins du Public. Dans une République bien conftituée les efprits s'élevent naturellement au grand ; ce ne fera donc qu'avec peine qu'ils defcendront au frivole. (d)

(d) On ne manquera pas de m'oppofer les Athéniens ; mais qu'on y prenne garde ; leur gaieté étoit plutôt

La gaieté se trouve encore moins dans un Etat despotique : Elle ne peut être dans le despote trop révéré pour n'être pas haï ; trop environné de sa grandeur pour n'en être pas embarrassé ; & prenant trop de plaisirs pour en avoir ; car le plaisir est comme le vin : modéré, il ranime le sentiment ; excessif, il l'éteint. Elle ne se communique pas non plus aux infortunés sujets du despote ; la raison en est toute simple : les troupeaux bondissent dans la prairie, au sein de la liberté : en entrant dans l'étable ils s'attristent ; ils mugissent d'horreur en entrant dans la boucherie. Le Courtisan de Denis assis à la plus brillante table, mais tremblant sous l'épée suspendue sur sa tête, est l'emblême véritable d'un Visir ; & si le Visir est si malheureux, qu'on juge des autres qui ont les mêmes sujets de terreur que lui, sans avoir les mêmes moyens de s'en distraire.

Il n'y a qu'un Etat monarchique, & mo-

____

l'ouvrage de leur climat que celui de leur Gouvernement ; l'un triompha de l'autre. La preuve en est, qu'ils s'occupoient bien plus de leurs spectacles & de leurs plaisirs, que de leur gloire & de leur liberté.

narchique comme le vôtre, où la gaieté puiſſe ſe montrer avec ſuccès, & régner ſans contrainte. Aſſez de liberté, pas aſſez d'indépendance ; ni trop, ni trop peu d'occupations ; des maîtres puiſſants & affables, qui gouvernent par l'amour des ſujets obéiſſants par honneur ; mille routes ouvertes au plaiſir, à la gloire, à la fortune, nulle qui le ſoit à l'ambition ; tout cela laiſſe un champ libre à l'eſprit vif & enjoué des François.

Veut-on ſe convaincre parfaitement de la différence qu'il y a ſur ce point entre une République, un Etat deſpotique, & une Mo-narchie ? que l'on conſidere une famille : le pere gouverne, les eſclaves languiſſent, les enfants s'amuſent : le pere repréſente les Républicains ; les eſclaves, ces malheureuſes victimes d'un deſpote ; & les enfants, ces ſujets fortunés d'un Monarque tel que le Monarque François.

Il y a une autre raiſon de cette gaieté parti-culiere à votre Nation ; c'eſt le point d'honneur qu'on vous inſpire dès la plus tendre jeuneſſe. Ce point d'honneur conſiſte à ne rien oublier pour faire mieux que les autres, tout ce que l'on fait. Le François eſt ſans ceſſe occupé à ſe comparer, & pour l'ordinaire, à ſe préférer à tout ce qui l'environne; car on ne ſe compare guere qu'on ne ſe préfere. C'eſt ce qui lui donne cette confiance, l'aliment, & quelquefois le ſupplément de ſon courage, & cet air content qui annonce ſinon quelqu'un qui eſt bien, du moins quelqu'un qui croit l'être. On a remarqué que l'Eſpagnol eſt orgueilleux, l'Anglois fier, le François vain. C'eſt que le premier dédaigne même de ſe comparer, & ne ſoupçonne pas qu'il puiſſe avoir ni égaux, ni ſupérieurs; c'eſt que le ſecond ſe ſent l'égal de tous ſes concitoyens; c'eſt que le troiſieme a ſans ceſſe le plaiſir de ſe croire le vainqueur de ſes égaux, & l'égal de ſes maîtres. Il ne faut que ce tour d'eſprit dans un Peuple pour le rendre heureux; & ce tour d'eſprit, ſi vous y faites attention, eſt le vrai caractere des François, & une des raiſons qui contribuent à leur gaieté.

La derniere, c'eſt le goût que vous avez pour la ſociété. Si l'homme eſt un être ſociable, dit M. de Monteſquieu, le François eſt l'homme par excellence. On diroit qu'il ne peut exifter en lui-même , & qu'il ne fe foucie d'exifter que parmi fes femblables. Toute fa conduite fe rapporte à cet unique point. Etre & paroître, agir & repréfenter, vivre & plaire font deux chofes prefque égales pour lui. Mais pour plaire à quelqu'un , il faut s'humanifer , s'adoucir avec lui, le flatter, l'amufer, faire en un mot qu'il fe plaife avec nous. C'eft votre talent fupérieur , & aucune Nation n'approche de vous fur ce point. On trouve chez les autres Peuples le feu du Génie, l'audace de Mars, les talents de Minerve ; on ne trouve que chez les François le fourire des Graces.

Après vous avoir parlé de l'origine & des avantages de la gaieté Françoife, vous me demanderez peut-être de vous en montrer les dangers ; mais je vous laiffe ce foin. C'eft à vous, comme François, à dire du mal de votre gaieté par humeur ou par modeftie, & c'étoit à moi, comme Etranger, à en dire du bien par juftice.

Je fuis, &c.

APPROBATION.

JʼAI lu la Lettre qui a pour titre : *Lettre sur les Avantages & l'Origine de la Gaieté Françoise*, & je n'y ai rien trouvé qui puisse en empêcher l'impression. A Lyon, le 14 Septembre 1761.

Signé BORDES.

Vu l'Approbation, permis d'imprimer. A Lyon, le 14 Septembre 1761.

Signé DELAFFRASSE.

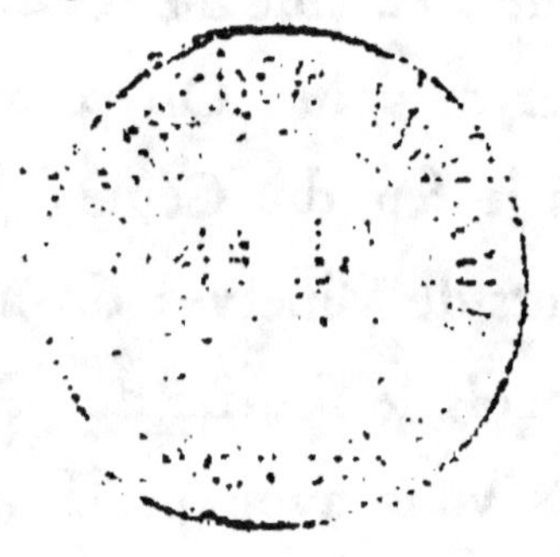

www.ingramcontent.com/pod-product-compliance
Lightning Source LLC
LaVergne TN
LVHW050101060726
842524LV00003B/858